Hacerse Bernabé

Un Ministerio de Aliento

por
Robert E. Logan y Tara Miller

LOGAN
LEADERSHIP

Hacerse Bernabé
por Robert E. Logan and Tara Miller

Cover design by: Michelle Coe of BlueSkyPhoenix LLC

Published by Logan Leadership

Visit us at http://loganleadership.com

ISBN 10: 1-944955-53-4
ISBN 13: 978-1-944955-53-3

Printed in the United States of America

EXPRESIONES DE GRATITUDE

Me gustaría expresar mi sincero agradecimiento a Rob Droste y su equipo de la Diócesis Episcopal de Nueva Jersey, especialmente a Lori Pantaleo, por tu excelente trabajo en esta traducción. Es un placer estar asociado con todos ustedes.

CONTENTS

CAPÍTULO 1

¿Quién era Bernabé?

Cómo cambiar el mundo sin que nadie sepa su nombre

Había una vez un joven que formaba parte de un equipo de ministerio. Era nuevo en el liderazgo, tenía poca experiencia, e hizo algo estúpido. Su error causó un revés para todo el ministerio y no gestionó bien la situación. El líder del equipo se enojó con él y lo echó del equipo.

Entonces otro miembro del equipo del ministerio, que tenía experiencia y paciencia, intervino y dijo: "Espera, déjame trabajar con él. Creo que puede aprender de sus errores y todavía contribuir a este ministerio.

¿Le suena familiar? A usted incluso le pueden haber venido a la mente

algunos nombres al leer esta historia. Situaciones como ésta suceden con mucha frecuencia en el ministerio. Pero la historia que tengo en mente ocurrió hace más de 2.000 años. El joven líder era

> *Este libro trata de los Bernabés el nuestro mundo: las personasque desempeñan un papel decisivo en el desarrollo de otros, las personas de las que no hemos oído hablar, las personas que raramente son los focos de atención ellos mismos, pero que aseguran que esa atención sea una realidad para otros.*

Juan Marcos. El líder del equipo era el apóstol Pablo. Y el miembro del equipo que intervino era Bernabé.

¿Está usted llamado a ser un Bernabé? Los Bernabés son personas que facultan a otros a través del aliento, el apoyo y la oración. Desarrollan y sacan los dones de liderazgo en otros y aseguran que nadie trabaja de forma aislada. Crean un ambiente que saca lo mejor de las personas y les faculta para hacer todo lo posible por el Reino de Dios.

Si Dios le está llamando para servir como un Bernabé, tiene un papel fundamental que desempeñar. Los Bernabés hacen una profunda y significativa diferencia en nuestro mundo. Empecemos por examinar al Bernabé original.

Bernabé: el hijo del aliento

Le considero a Bernabé uno de los personajes más importantes de la Biblia, y sin embargo, casi no recibe reconocimiento. Probablemente ni siquiera estaría en la lista de los diez mejores personajes bíblicos. De hecho, la mayoría de la gente ni siquiera sabe su nombre verdadero: José. Bernabé era un apodo que le daban los apóstoles; significa "el hijo del aliento" (Hechos 4:34-37).

La palabra aliento significa literalmente "él al que llaman para socorrer." Su historia se cuenta a lo largo del libro de los Hechos.

Ya había vendido su campo y traído el dinero a los apóstoles cuando nos encontramos con Bernabé por primera vez. Bernabé se integró plenamente en la iglesia primitiva, predicó el Evangelio, llevó a la gente al Señor, y se ganó una buena reputación. Dice en los Hechos 11:24 que "Bernabé era un buen hombre, lleno del Espíritu Santo y fuerte en la fe."

Era Bernabé quien patrocinó a Pablo entre los otros apóstoles. Pablo, entonces llamado Saúl, fue aislado de la iglesia y muchos temían que era un perseguidor infame de los cristianos. Cuando declaró haberse convertido, la mayoría de los creyentes pensaron que era una trampa. Bernabé buscó a Pablo y lo llevó a los apóstoles. Fue debido sólo al respaldo que Bernabé le dio a Pablo que los otros apóstoles estaban dispuestos a reunirse con él.

Mientras el apóstol Pablo comenzaba a usar cada vez más sus dones de liderazgo, Bernabé viajaba con él, y trabajaba eficazmente a su lado, ofreciendo aliento y fuerza. A medida que trabajaban juntos, empezaron a ser referidos como "Pablo y Bernabé", en lugar de "Bernabé y Pablo." Cuando ocurrió ese cambio, no surgieron los conflictos de ego que eran de esperar. De hecho, sospecho que Bernabé consideró un éxito su ministerio precisamente debido a ese cambio. Él había empoderado y apoyado con éxito al Apóstol Pablo.

Al igual que Bernabé ayudó a Pablo a ser aceptado por los otros apóstoles, obró de una manera reparadora semejante con Juan Marcos. Juan Marcos, que servía de ayudante en algunos viajes, tenía la infeliz historia de abandonar los viajes de misión, dejándolos en peligro. Como consecuencia, Pablo se negó a trabajar con él y Juan Marcos fue marginado de ministerios futuros.

> *Bernabé tenía esa cualidad rara y poderosa de creer en las personas y ver su potencial incluso cuando otros no lo harían.*
>
> *Bernabé era alguien que, en vez de hacerse el centro de atención, empoderaba a otros.*

Bernabé estaba vehemente en desacuerdo con Pablo, y tomaron caminos diferentes: Pablo fue con Silas, y Bernabé fue con Juan Marcos. Sólo Bernabé tuvo fe en el potencial de Juan Marcos para el trabajo importante en el futuro. Mientras todos los demás le consideraron incompetente para el ministerio, Bernabé viajaba con él y trabajaba para conseguir su restauración. Esa restauración se llevó a cabo, y vemos en los escritos posteriores de Pablo lo importante que llegó a ser Juan Marcos en su ministerio.

Bernabé tenía esa cualidad rara y poderosa de creer en las personas y ver su potencial incluso cuando otros no lo harían. Bernabé era alguien que, en vez de hacerse el centro de atención, empoderaba a otros.

Considere la importancia a largo plazo del papel que jugó Bernabé con su apoyo de Pablo y Juan Marcos. Si los sacamos de la escena, ¿qué parte del Nuevo Testamento habría quedado sin scribir? Recuerde que Pablo llevó a Lucas a Cristo, de modo que estamos hablando del Evangelio de Marcos, el Evangelio de Lucas, el Libro de los Hechos, y todas las cartas de Pablo. ¿Cuántas personas del Oriente Próximo nunca habrían podido escuchar el Evangelio? Eso sí que es una contribución al Reino.

Lo Que Puede Conseguir Un Bernabé

Imagínese la diferencia que usted podría hacer como un Bernabé. ¿A quién podría ayudar y alentar? ¿Cómo podría proporcionarles ayuda? ¿Qué impacto podría tener eso para el Reino?

Ahora imagine a una gran cantidad de personas en su iglesia equipadas para animar e impulsar unos a otros hacia un ministerio más fructífero. ¿Qué efecto multiplicador podría tener? ¿Cuántos líderes evitarían el agotamiento? ¿Cuántos padres y cónyuges con dificultades se podrían ayudar? ¿Cuántos maestros y líderes de grupo nuevos podrían recibir formación y apoyo? ¿Cuántos nuevos ministerios en la comunidad podrían lanzarse?

Casi todas las iglesias desean desarrollar discípulos y líderes de ministerio. Quieren un sistema de apoyo relacional que cultiva y apoya a sus líderes. Desean empoderar a las personas de sus congregaciones para que aprovechen del todo los dones que les ha otorgado el Espíritu Santo. Desean una estructura de cuidado de líderes lo bastante flexible y relacional para poder crecer en paralelo con el crecimiento de la iglesia.

Todo eso puede realizarse a través de relaciones intencionales de tipo Bernabé. Hacerse un Bernabé puede ayudar a las personas a….

- ▶ conocer a Dios
- ▶ responder al Espíritu
- ▶ participar auténticamente en las relaciones
- ▶ servir con abnegación
- ▶ transformarse personalmente
- ▶ vivir generosamente
- ▶ hacer discípulos
- ▶ tener un impacto en la comunidad general

Si más personas vivieran asi, imagínese lo que se podría lograr para el Reino.

Bernabé y la El *Coaching*

Usamos los términos coaching y ministerio de Bernabé indistintamente en este libro. Coaching es un buen término, y si funciona en su contexto, utilícelo. Sin embargo, a veces se puede interpretar incorrectamente.

Cuando estuve en Japón hace muchos años, estaba describiendo el concepto de coaching. El traductor que trabajaba conmigo me dijo con toda franqueza que la palabra "coach" no tendría sentido en el contexto japonés. "Un entrenador es alguien que te grita, que te humilla y te avergüenza – incluso a veces te golpea físicamente", explicó. "No creo que eso sea lo que pretendes decir."

Por supuesto que no. Un entrenador es alguien que alienta, apoya e impulsa. Un entrenador reta cuando es necesario, escucha, y formula buenas preguntas. Un entrenador desea que otros triunfen y les dirige a los recursos que necesitan para hacerlo.

En los Estados Unidos, es probable que nadie tenga problemas con la palabra coach como surgió en Japón. Sin embargo, con el ascenso del coaching de vida, el coaching ejecutivo y el coaching profesional, el término puede llevar una connotación de profesionalismo altamente capacitado... algo fuera del alcance de la persona promedia en la iglesia que sólo quiere ayudar y ya tiene un trabajo fijo.

> *Un entrenador es alguien que alienta, apoya e impulsa. Un entrenador reta cuando es necesario, escucha, y formula buenas preguntas. Un entrenador desea que otros triunfen.*

Si ese es el caso en su iglesia, usted puede llamarlo ministerio de Bernabé como lo hacen en Japón. Después de todo, el Bernabé original no tuvo ninguna formación a nivel profesional para poder realizar su ministerio. Él simplemente aprovechó del todo los dones que Dios le dio para apoyar y animar a otros en sus ministerios. Usted – y otros en su iglesia - pueden ciertamente hacer lo mismo. No está fuera del alcance de nadie.

Considere las maneras en que los entrenadores hacen una diferencia en los deportes, sacando y desarrollando los talentos de los jugadores que Dios les ha dado. Michael Jordan es discutiblemente el mejor jugador de baloncesto que jamás haya jugado el deporte. Es conocido por todo el mundo. En la China rural, las "reglas de Jordan" se pueden ver escritas en tableros de baloncesto. Michael Jordan era una estrella, el mejor jugador de su equipo- de cualquier equipo. Podría disparar un triple y hacer las clavadas. Se fabricó una línea de zapatos atléticos con su nombre. Era un líder admirado en todo el mundo.

Durante los primeros seis años de su carrera profesional, Michael Jordan ganó títulos de puntuación, jugador defensivo del año, y muchos otros premios. Sin embargo, durante esos mismos seis años, nunca ganó ningún campeonato. Michael era una estrella, pero no un campeón.

En ese momento, contrataron a Phil Jackson como entrenador de los Chicago Bulls. Phil enseñó un sistema llamado triángulo ofensivo, que requiere confianza en tu equipo. Ahora bien, Phil había jugado al baloncesto profesional, pero no tenía la habilidad innata que tenía Jordan.

No obstante, Phil sabía la manera de tratar al equipo, y él tenía un marco que permitió que el equipo trabajara juntos dentro de una estructura: la ofensa del triángulo. La gente le llamaba a Phil el maestro Zen. Él era conocido por su introducción de métodos no tradicionales en su entrenamiento, y su objetivo era proporcionar una experiencia holística con sus jugadores. Le dijo a Michael, "Vas a tener que confiar en mí, y vas a tener que confiar en tu equipo. Has tratado de hacerlo por tu cuenta hasta ahora." Convenció a Jordan. Jordan empezó a pasar la pelota y jugar como un miembro del equipo.

El equipo comenzó a ganar y no se detuvo. Ganaron seis campeonatos a principios de los años 90. Se convirtieron en una dinastía. Una vez que empezaron a funcionar como equipo, una vez que Michael Jordan puso su confianza en un entrenador, los Bulls fueron capaces de hacer historia. Lograron todo lo que querían y más. Jordan era un héroe, y los Bulls ganaron seis campeonatos.

Por muy dotada que sea una persona – por muy fuerte que sea el talento que les ha dado Dios, por muy buenas que sean sus habilidades – nadie puede hacerlo solo. Los entrenadores hacen una diferencia no sólo en los deportes, sino también en el ministerio. Podemos acompañar a las personas y empoderarlas para que vivan su vocación tan bien como pueden. Para hacerlo, necesitan entrenadores y compañeros de equipo.

A veces una simple pregunta puede marcar la diferencia. Una vez estaba hablando con un hombre que supervisaba un proceso de formación para preparar a personas para el ministerio. Le pregunté "Cuando las personas terminan con este proceso, ¿qué son capaces de hacer?"

Esa pregunta, me dijo más tarde, lo mantenía despierto por las noches. Eventualmente le incitó a cambiar su sistema. En vez de pedir a esas personas que aprendieran información, les daba oportunidades para poner en práctica esas habilidades ministeriales. Eso marcó una diferencia, y resultó en un estilo de discipulado que moldea el carácter de las personas al tiempo que viven los valores del Reino.

En otro caso, estaba trabajando con un hombre que necesitaba ayuda para superar los obstáculos en su vida que le frenaban– la gestión del tiempo, la administración del dinero, ese tipo de cosas. A través de nuestro diálogo, él descubrió sus dones y pasión dados por Dios, y eso lo llevó a un poderoso ministerio como líder de alabanza. El hombre pasó de tener un simple trabajo a realizar su vocación de manera significativa. Con el paso del tiempo su ministerio se ha ampliado y ahora ayuda a otros a vivir vidas de adoración holística.

Escuchar bien a la gente y hacerles buenas preguntas importa mucho. Ser un Bernabé importa mucho.

El resto de este libro presenta las habilidades básicas que usted necesita para vivir como un Bernabé dentro del Reino de Dios. Si usted sirve fielmente y bien en esta capacidad, es posible que nunca sea el centro de atención y que la gente quizás nunca sepa su nombre, pero piense en la diferencia que habrá hecho en la vida de los individuos y en la iglesia en su conjunto.

PREGUNTAS PARA REFLEXIONAR:

1. ¿Qué ideas saca usted de la historia de Bernabé?

2. ¿Quién ha servido como Bernabé en su vida?

3. ¿De qué manera le llaman para ser un Bernabé para otros?

4. ¿Qué cree usted que puede lograr Dios si varias personas sirven como Bernabés dentro de su comunidad?

CAPÍTULO 2

¿Cómo es ser un Bernabé?

El poder silencioso de escuchar y hacer buenas preguntas

Hace unos años estaba sirviendo a un equipo de líderes de ministerio que trabajaban con los pobres urbanos en la ciudad de México. Realizaban una labor dura- el tipo de labor que puede dejarle a uno desalentado y con el sentido de no haber hecho mucha diferencia. Mi papel consistía en animarlos. Me fijaba en sus rostros, cansados pero con esperanza, y entonces les propuse un ejercicio.

Les presenté estas seis preguntas, usadas inicialmente por Carl George. Me gusta llamarlos *Las Preguntas de Bernabé*:

- ► ¿Cómo está usted?
- ► ¿Qué está celebrando?
- ► ¿A qué desafíos se está enfrentando?
- ► ¿Cómo piensa hacer frente a estos desafíos?
- ► ¿En qué manera puedo ayudarle?
- ► ¿Cómo puedo orar por usted?

Les pedí a los del grupo que se dividieran en parejas y pasaran la siguiente media hora dialogando juntos sobre estas preguntas. Los miembros de este equipo habían trabajado estrechamente juntos durante mucho tiempo, y creían que ya se conocían bien.

Sin embargo, mientras se preguntaban entre sí preguntas como, "¿Qué está celebrando usted?" y realmente escuchaban las respuestas, tomando tiempo para animar el uno al otro a decir más, algo cambió. Los miembros del equipo empezaron a sentir un nivel de intencionalidad, apoyo y aliento completamente nuevo. Era como tomar un sorbo de agua y darse cuenta de lo sediento que estabas.

Tener a una persona quete escucha con suma atención es como tomar un sorbo de agua y darse cuenta de lo sediento que estabas.

Después les conté la historia bíblica de Bernabé. "Si hace bien su trabajo como un Bernabé, pocas personas serán conscientes del papel que usted ha jugado. Otros obtendrán el reconocimiento, pero será usted quien realmente habrá marcado la diferencia al empoderarlos."

Algunos de ellos tenían lágrimas en los ojos cuando contemplaban el impacto que podrían tener. Sin embargo, yo también observaba alguna duda: "¿Quién soy yo para marcar la diferencia?" Podía ver como se preguntaban: "No soy más que un seguidor ordinario de Jesús que a veces pierde el paso y se cae, que no sabe siempre qué decir. ¿Podría yo de verdad desempeñar el papel de un Bernabé?

Ahora esos miembros del equipo utilizan las preguntas de Bernabé con aquellos a quienes sirven y con los que colaboran en la comunidad. ¿Quién sabe qué líderes levantarán de los barrios marginales de la ciudad de México? Los apóstoles han venido de lugares más extraños.

Lo bello de ser un Bernabé es que no hace falta tener superpotencias para realizar la labor. Es un ministerio que permite que los creyentes ordinarios tengan un impacto extraordinario.

He encontrado una escasez de escucha atenta en nuestro mundo. Escuchamos para conseguir información cuando la necesidad de siente. Escuchamos fragmentos de sonido. Escuchamos sólo para saber lo qué podemos decir como respuesta. Escuchamos para reforzar nuestra propia perspectiva o para promover nuestra propia agenda.

Lo bello de ser un Bernabé es que uno no tiene que tener super-potencias. Es un ministerio que permite que los creyentes corrientes tengan un impacto extraordinario. Es algo que usted realmente puede aprender y hacer.

La mayoría de las personas – especialmente los líderes de ministerio – no tienen a nadie que toma el tiempo con regularidad de escucharlos con suma atención. Lo he visto una y otra vez cuando he impartido cursos de capacitación de *coaches*. Cuando, como ejercicio, doy a las personas 30 minutos de tiempo ininterrumpido y enfocado durante el cual la otra persona le está escuchando con suma atención, haciéndole preguntas, y animándole a que comparta aún más, se asombran del poder sencillo de esa experiencia. Lo reconocen como el regalo tan poco frecuente que es.

En el papel de Bernabé, usted puede dar ese regalo a otros. El resto de este capítulo le da a conocer las dos habilidades más importantes de un Bernabé: saber escuchar atentamente y formular buenas preguntas. Con sólo estas dos habilidades usted ya habrá recorrido el 90% del camino. Y son habilidades que cualquier persona puede conseguir con práctica

Escuchar para Descubrir

Escuchar para descubrir significa escuchar para aprender más sobre la otra persona, escuchar por curiosidad, escuchar sin tener uno su propia agenda. Se basa en el principio de que las personas aprenden mejor cuando descubren cosas por sí mismas. Cuando ponemos en práctica esta habilidad, pasamos de ser el experto con todas las respuestas, a ser alguien que ayuda a otros a descubrir sus propias respuestas. Con esa base, las personas pueden progresar más eficazmente.

Realicé una vez un experimento. Cada vez que alguien se acercaba a mí con una pregunta, un problema, o para pedir un consejo, no les di una respuesta inmediatamente. Antes de darles mi opinión, dejaba que desarrollaran sus propias ideas y pensamientos. La conversación a continuación sirve como ejemplo:

Pastor de jóvenes: "Bob, hay algunos jóvenes nuevos en la comunidad quehan empezado a asistir a algunos eventos de grupos juveniles – eso es genial- pero no he conocido aún a sus padres. No estoy seguro de cómo conseguir la participación de los padres o ponerme en contacto con ellos. ¿Tiene usted algún consejo?"

Bob: "Le daré un consejo con mucho gusto. Sin embargo, la manera en que me ha hecho la pregunta, me demuestra que ya ha pensado mucho en este asunto. ¿Qué ya tiene usted claro?"

Pastor de jóvenes: "Podría pedirle a los jóvenes los números de teléfono de sus padres y simplemente llamarlos, pero me parece algo extraño – como si fuera un vendedor telefónico haciendo una "llamada en frío." (Él pausa un momento y me mira, esperando.)

Bob: "De modo que una idea es simplemente llamar a los padres. Pero eso le parece un poco incómodo. ¿En qué otras cosas ha pensado?"

Pastor de jóvenes: "Pues, estaba considerando la idea de organizar un evento para las familias e intentar que asistieran algunos de los padres y hermanos, pero no estoy seguro de qué tipo de evento daría buen resultado." (Pausa.)

Bob: "Así que organizar un evento familiar podría ser una posibilidad. Cuénteme más sobre eso."

Pastor de jóvenes: "Podría organizar una noche para las familias con una película y pizza y con un gimnasio abierto. De esa manera los jóvenes podrían invitar a sus propios padres."

Bob: "Ya veo... cuénteme más."

Pastor de jóvenes: "Creo que sería un lugar seguro y cómodo que permitiría que la gente hablara y pasara el rato en un ambiente amistoso. Algunos de los líderes de jóvenes podrían empezar a fomentar relaciones con los padres, y los padres podrían empezar a sentirse más cómodos con la iglesia... (etcétera, etcétera, etcétera). Gracias por su ayuda, Bob. Eso me ha ayudado mucho."

Escuchar para descubrir significa dejar que alguien piense en voz alta, mientras usted escucha su conversación, y simplemente repite lo que ha oído sin interpretarlo de ninguna manera..

Usted se habrá dado cuenta de que en realidad no le di ningún consejo. Cuando llegamos a ese punto en la conversación, ya no le hacía falta. ¡Pero agradecí sus gracias de todos modos!

He tenido varias versiones de esta conversación una y otra vez. Cuando una persona se acercaba a mí, yo escuchaba su pregunta, y luego le preguntaba, "¿A usted qué le parece?" Le seguía escuchando, entonces resumía sin evaluar ni poner una interpretación. Los invitaba a decir más: "¿Qué más?" Me abstenía de dar cualquier opinión hasta que la persona había agotado sus pensamientos.

Sólo cuando la persona ya no podía pensar en ninguna otra cosa que decir ofrecía yo mi opinión... si todavía se necesitaba. Por lo general ése no era el caso. Durante el transcurso de mi experimento, descubrí que alrededor del 70% del tiempo la gente encontró su propia buena respuesta sin ningún consejo mío. El simple acto de escuchar les servía de ayuda.

Escuchar para descubrir significa dejar que alguien piense en voz alta, y repetir lo que usted ha oído sin interpretarlo de ninguna manera...

> **De esta manera usted puede practicar el arte de escuchar para descubrir:**
>
> 1. **Escuchar atentamente:** Dé toda su atención al locutor
> 2. **Resumir:** Repite para la otra persona lo que usted le oye decir
> 3. **Sacar más información:** Invítelos a ampliar sus pensamientos con la pregunta "¿Qué más?" o con "Cuéntame más."

Trate de practicar el arte de escuchar para descubrir durante 30 días. Cuando usted pone atención en la manera en que escucha a otros, y practica los pasos anteriores, usted se sorprenderá del impacto que tiene sobre las personas a su alrededor. Es probable que también se dé cuenta de lo poco frecuente que es la escucha atenta.

Hacer buenas preguntas

A la escucha, agregamos una segunda habilidad: hacer buenas preguntas. Un Bernabé es alguien que hace buenas preguntas, y a veces eso marca la diferencia.

Hace poco tiempo escuchaba a alguien que se sentía molesto por una situación particular. Después de dejarle quejarse un rato de la situación, le pregunté, "¿Qué es lo que quieres?" "Lo que quiero es que (compañero de trabajo) trabaje conmigo, no en contra mía", dijo con franqueza. Luego se detuvo, y hubo un silencio total. Había comprendido algo profundo. Se dio cuenta de que su respuesta había llegado a la raíz del problema. La claridad sencilla de esa realización le dio la perspectiva necesaria para seguir adelante. A veces una simple pregunta puede provocar un avance significativo.

Veamos otro ejemplo. Un hombre joven había roto recientemente con una muchacha en la iglesia. En medio de toda la injusticia y el dolor que sentía, quería escribir un comentario en Facebook que criticaría a su ex-novia. La persona con quien hablaba, que estaba sirviendo como un Bernabé, le preguntó: "¿Cómo quiere usted que sea esta relación dentro de un año?" La pregunta fue diseñada para proporcionar una perspectiva a largo plazo.

El joven explicó cómo quería que fuera la relación después de un año –una visión que incluía una relación civil. La siguiente pregunta que le hizo su amigo: "¿Cómo afecta ese objetivo a largo plazo a lo que piensa escribir?" El mensaje difamatorio en Facebook no se escribió porque unas buenas preguntas ayudaron al hombre joven a obtener perspectiva y claridad sobre cómo seguir adelante de manera productiva

Fíjese en algo sobre estas tres preguntas:

- ▶ ¿Qué es lo que quiere usted?
- ▶ ¿Cómo quiere que sea esta relación dentro de un año?
- ▶ ¿Cómo afecta ese objetivo a largo plazo a lo que usted piensa escribir?

Todos éstas son lo que llamamos preguntas abiertas. No se pueden contestar con un simple sí o no. Requieren reflexión y una contribución de la persona que recibe la pregunta. Las preguntas cerradas, por otro lado, no permiten esa reflexión. No requieren tanto esfuerzo de la persona al que se hace la pregunta, sino más bien mantiene en control a la persona que hace la pregunta.

Vea algunos de los ejemplos muy sencillos a continuación:

Preguntas cerradas	Preguntas abiertas
¿Le gustaría pedir pizza para el almuerzo?	¿Qué le gustaría hacer para el almuerzo?
¿Ha considerado una present-ación de PowerPoint?	¿Cómo le gustaría presentar la información al equipo?

Muchas veces las preguntas cerradas ni siquiera son verdaderas pregun-tas- más bien son sugerencias disimuladas. No fomentan la creatividad ni el pensamiento libre. Las respuestas o categorías potenciales ya están en la mente de la persona que hace la pregunta.

La dificultad que surge en aprender a hacer preguntas abiertas es que desde muy temprana edad nuestros padres nos han expuesto a pregun-tas cerradas:

- ▶ ¿Te acordaste de…? _____?
- ▶ ¿Quieres X o Y?
- ▶ ¿Hiciste tus tareas?

En la escuela nos dan preguntas de tipo verdad-falsa y de opción múltiple, y así aprendemos a reunir información a través de preguntas cerradas.

Las buenas preguntas fomentan conversaciones más profundas. Impulsan a otros a hablar. ¿Se ha alejado alguna vez de una conversación y pensado, "Caray, que fácil era hablar con esa persona - ¡ qué gran conv-ersación!" Lo más probable es que usted acaba de hablar con alguien que sabe hacer buenas preguntas

Ejemplos de buenas preguntas:

- ► ¿Cuáles son sus opciones?
- ► ¿Qué quiere usted lograr?
- ► ¿Qué realmente importa?
- ► ¿Cuáles son las formas posibles de lograr su objetivo?
- ► ¿Qué más se debe hacer?
- ► ¿Qué camino elegirá usted?
- ► ¿A qué obstáculos se enfrenta usted?

Cuando hacemos bien las preguntas, ayudamos a la gente a reflexionar, aumentar su conciencia, y tomar responsabilidad de la dirección que están tomando. También reconocemos tácitamente el poder del Espíritu Santo para hablar con los demás y guiarlos. Si Él los guía, nosotros no tenemos que hacerlo. Somos libres para escuchar.

Aquí hay algunos consejos para escuchar bien y hacer buenas preguntas:

- ► Tómese el tiempo necesario para escuchar-no tenga prisa.
- ► Cuando está escuchando, enfóquese en la otra persona que no en lo que usted va a decir después.
- ► Resuma para la otra persona lo que usted le oye decir
- ► Invite a la persona a decir más.
- ► Haga preguntas abiertas para sacar los pensamientos de la persona.
- ► Si alguien hace una pausa después de usted hacer su pregunta o dice, "Ésa es una buena pregunta," no diga usted nada. Sólo espere en silencio y dele a la persona tiempo para pensar.

> ## Ejercicio
>
> Ejercicio: Esta semana cuando hable con un miembro de la familia, un amigo o un compañero de trabajo, observe cuánto tiempo puede escuchar y hacer preguntas antes de empezar a compartir sus pensamientos o hacer declaraciones.

La prueba de un Bernabé

Escuchar bien y hacer buenas preguntas son los dos rasgos distintivos de un Bernabé. Son las cualidades que vemos en el Bernabé original. Cuando le enviaron de Jerusalén a Antioquía, miró a su alrededor, vio el trabajo que Dios ya estaba haciendo, y animó a la gente en ese trabajo.

> La noticia de estos sucesos llegó a oídos de la iglesia de Jerusalén, y mandaron a Bernabé a Antioquía. 23 Cuando él llegó y vio las evidencias de la gracia de Dios, se alegró y animó a todos a hacerse el firme propósito de permanecer fieles al Señor, 24 pues era un hombre bueno, lleno del Espíritu Santo y de fe. Un gran número de personas aceptó al Señor. (Hechos 11:22-24).

No se trataba del propio Bernabé, ni de la gran diferencia que podía marcar en el ministerio. Se trataba de reconocer, afirmar y colaborar con la forma en que el Espíritu Santo ya obraba.

De la misma manera, si usted sirve como un Bernabé, no se tratará de usted. Se tratará de aquellos que sirve. Usted no será más importante que los demás, más bien les estará ofreciendo aliento, ayudándolos a moverse hacia donde sienten que Dios los está llevando.

Muy a menudo pensamos que debemos tener las respuestas. Pero ese no es el papel de un Bernabé. Un Bernabé es llamado para ayudar, no para ser el experto. Cuando la gente habla con usted, pueden sentir si eres o no un Bernabé. Quieren las respuestas a tres preguntas: ¿Puedo confiar en usted? ¿Me sirve de ayuda usted? ¿Le importo? Si ellos deciden que se pueden contestar con un sí a las tres preguntas, le considerarán a usted un Bernabé.

PREGUNTAS PARA REFLEXIONAR:

1. Piensa en una ocasión en la que una persona le hizo una pregunta muy buena. ¿Cuál fue el impacto?

2. ¿Cuándo ha sentido que estaba escuchando bien?

3. ¿En qué contextos puede usted practicar el arte de escuchar para descubrir y hacer buenas preguntas?

4. ¿Qué cosas le impiden para poder escuchar bien? ¿Para hacer buenas preguntas?

5. ¿Qué puede empezar a hacer de forma diferente ahora?

CAPÍTULO 3

¿Por qué necesitamos más Bernabés?

Qué diferencia pueden hacer en su ministerio

> Oí a dos hombres que hablaban en un baño público: "Vi una gran película este fin de semana", dijo uno. Yo también ", respondió el otro. Luego se fueron. – *Larry Crabb*

¿Cuántas conversaciones en tu iglesia suenan así? Es tan fácil para la gente inter-cambiar información, hablar sobre sí mismos y contar sus propias experiencias casi sin entrar en verdadero diálogo con la otra persona.

Esas conversaciones no siempre parecen extrañas en la superficie, pero cuando se reúnen personas que no se escuchan bien, y que no saben hacer preguntas buenas, las relaciones resultantes pueden ser difíciles.

Este capítulo mira de cerca el aspecto que tiene una iglesia o ministerio cuando hay muchos Bernabés- y el aspecto que tiene cuando no los hay. La presencia o la ausencia de Bernabés puede determinar en gran medida si grupos pequeños serán buenos o malos, si las reuniones de cena serán buenas o malas, y si los ministerios que ofrecen talleres para padres serán buenos o malos.

Hace poco, mi esposa y yo invitamos a una pareja a cenar en nuestra casa. Después de media hora juntos estuve consciente de que estaba sintiendo un poco cansado, como si estuviera realizando un trabajo duro. Entonces me di cuenta de que la otra pareja no nos había hecho ni una sola pregunta.

Empecé a prestar más atención. Janet y yo les estábamos haciendo preguntas, escuchando, y haciendo más preguntas basadas en lo habían dicho antes. Estábamos aprendiendo mucho sobre esta otra pareja, sus intereses, sus hijos, cómo era su vida cotidiana. Pero a cambio, a nosotros no nos hacían ninguna pregunta. Un par de veces Janet les dio un poco de información sobre nosotros. La otra pareja parecía escuchar, pero no reaccionaron, ni hicieron más preguntas sobre que habíamos dicho antes. Fue una noche muy larga.

Parecía una pareja agradable, dos personas bien intencionadas que querían participar pero no sabían cómo hacerlo. Me pregunté cuán diferente que habría sido nuestra conversación de cena si hubieran recibido un poco de instrucción y práctica en cómo ser un Bernabé.

Contraste esa noche con otra cena en mi casa. La pareja número dos nos preguntó cómo nos habíamos conocido, cómo llegamos a ser parte de nuestra iglesia actual, cuál era nuestra opinión acerca de varios asuntos locales. Ellos sentían curiosidad por nosotros y parecía que realmente querían llegar a conocernos. ¡A veces era incluso difícil encontrar una pausa para que nosotros hiciéramos preguntas, para así saber más de ellos! Al final de la velada, había mucha risa y conversación y me sentí lleno de energía en lugar de agotado.

¿Trata solamente de que la pareja número dos eran personas mejores que la pareja número uno? En absoluto. Aunque habilidades tales como escuchar, hacer buenas preguntas, y centrarse en otras personas vienen de forma más natural a algunas personas que a otras, cualquier persona puede aprenderlas. A menudo la gente simplemente no está consciente de la diferencia dramática que estas habilidades pueden hacer en sus interacciones sociales. Con práctica, cualquier persona puede empezar a adoptar estos comportamientos de una manera más natural.

La diferencia que un Bernabé puede hacer en una iglesia

Entonces, ¿de qué manera puede uno que sirve como Bernabé marcar la diferencia en nuestras iglesias, grupos y ministerios? ¿Qué tipos de interacciones resultan? Miremos un ejemplo muy sencillo, y sacar algunas conclusiones basados en ello.

Varias familias acababan de juntarse para su reunión semanal de grupos comunitarios. Estaban de pie en la cocina, comiendo un poco de queso y galletas. Un niño de diez años de edad se quejaba de que su escuela acababa de decidir que todos los estudiantes llevarían uniformes en adelante: "¡los uniformes no te dejan expresar tu individualidad!"

Una mujer que estaba de pie cerca de él (y que no era su madre) asintió con la cabeza para demostrar que lo entendía y le preguntó: "¿De qué otras maneras podrás expresar tu individualidad?" El niño se aprovechó de la pregunta y en pocos minutos le ocurrieron por lo menos tres buenas maneras de expresar su individualidad.

¿Qué observaciones puedes hacer de esta historia? (Si estuviéramos en un entorno de enseñanza, esperaría las observaciones de ustedes, pero como es un libro voy a tener que seguir adelante y sólo compartir las mías. Lamentables las limitaciones de material impresa.)

► La mujer reconoció la frustración del niño y no trató de explicarle por qué serían buenos los uniformes. Intentar convencer al niño a cambiar su opinión sobre los uniformes habría sido la primera respuesta de muchas personas, y casi con certeza se habría empeñado en su postura y habría discutido más.

► Ella le pidió que compartiera sus pensamientos de una manera que le permitió cambiar su enfoque de lo que no era posible a lo que sí podría hacer. Eso es enorme.

► •Una adulta le pidió al niño que compartiera sus pensamientos y lo escuchó, y la adulta no era su madre. Eso es muy poco frecuente, y abre el diálogo entre distintas generaciones.

► El niño se sentía empoderado después de la conversación, que tenía opciones. Es contrario a cómo se sentía al iniciarse la conversación.

Necesitamos más Bernabés en nuestros grupos, en nuestras iglesias, en nuestros ministerios, en nuestros vecindarios - ¡en todas partes! Imagínese grupos comunitarios llenos de personas que hacen preguntas, mostrando curiosidad e interés en otros. Imagínese a personas que escuchan de verdad en lugar de tratar de cambiarle a usted de idea, o nada más esperar su turno para hablar. Si un Bernabé puede hacer una gran diferencia, ¡imagínese lo que podría hacer toda una multitud de Bernabés en su ministerio!

Aquí hay algunos problemas comunes que los Bernabés podrían ayudar a resolver:

▶ Agotamiento y rotación de los líderes laicos: "¿Tengo que hacer este ministerio para siempre?"

▶ Falta de supervisión y apoyo de los grupos pequeños: "Nadie en un puesto de liderazgo sabe siquiera lo que está pasando en mi grupo pequeño!"

▶ Personas cuyos dones no van acorde con sus funciones de servicio: "Hago esto para servir a la iglesia, no porque sea mi vocación".

▶ Los líderes se estancan en lugar de crecer en sus habilidades: "Hace muchos años que hago esto y ya sé hacerlo".

▶ Agotamiento pastoral. Vea el consejo que Jethro le dio a Moisés: No está bien lo que haces. Con seguridad desfallecerás tú, y también este pueblo que está contigo, porque el trabajo es demasiado pesado para ti; no puedes hacerlo tú solo. (Éxodo 18:17-18)

▶ Falta de infraestructura para apoyar el crecimiento: "En este momento somos una iglesia pequeña, saludable y en crecimiento, con seis grupos comunitarios. Funciona por ahora, pero no va a funcionar dentro de un par de años.

¿Un Bernabé para cada ministerio?

Considere la diferencia que podría hacer un Bernabé o dos en cada uno de sus ministerios. Piense en cualquier de los diversos ministerios que pueda tener su iglesia; el grupo de jóvenes, el ministerio del matrimonio, los talleres para padres, los servicios de extensión para las personas sin hogar, las clases de la escuela dominical, el compromiso misionero con la comunidad, el equipo de alabanza.

Imagínese estos escenarios:

- ▶ Un Bernabé que ayuda a un líder a tomarse el tiempo para procesar lo que realmente desea en su vida y en el ministerio

- ▶ Un Bernabé que ayuda a alguien a encontrar un papel en ministerio que se ajusta más a su vocación y dones

- ▶ Un Bernabé que ayuda a un nuevo creyente procesar cuál es la mejor manera de establecer una relación con sus vecinos

- ▶ Un Bernabé que ayuda a un líder de ministerio a sentirse apoyado y empoderado en vez de que le digan lo que debe hacer

- ▶ Un Bernabé que ayuda a un creyente a dar los siguientes pasos en su discipulado ¿No sería todo eso una expresión asombrosa del Reino de Dios?

Anota a bajo un ministerio que tiene y considere cómo Dios puede usar a un Bernabé en ese contexto:

Considere el evento favorito de cada líder de la iglesia: la reunión del consejo. ¿Cómo sería si en vez de estar todos expresando sus opiniones y esperando su turno para refutar las otras opiniones, la gente comenzara a hacer buenas preguntas? El poder de una decisión está en proporción directa a la calidad de las preguntas que se formularon mientras la tomaba. Si haces preguntas malas, terminas con respuestas simplistas y miopes.

Un Plus: Algunas buenas preguntas universales para las reuniones de consejo

- ► ¿Qué principios debemos considerar mientras deliberamos esta decisión?

- ► ¿Qué criterios queremos utilizar para evaluar un posible curso de acción?

- ► ¿Qué estamos tratando lograr? ¿Cómo sabremos si lo hemos conseguido?

- ► ¿Qué pueden perder la gente? ¿Qué pueden ganar?

- ► ¿Cómo podremos ayudar a las personas a aceptar el cambio?

- ► ¿Cuándo y cómo comunicaremos esta decisión?

- ► Vamos a tomar como ejemplo una reunión de consejo donde los miembros están analizando cómo animar a las personas a aumentar su apoyo financiero. Además de las preguntas anteriores, alguien pregunta: "¿A qué obstáculos se enfrentan las personas con respecto a sus aportaciones financieras?"

Esta pregunta genera todo tipo de pensamientos y observaciones que ayudan al consejo a llegar a las raíces del asunto. Algunas personas tienen el deseo de dar dinero, pero no saben cómo manejar su dinero. Otras personas han aceptado errónea- mente el valor de acumular más dinero. Algunos simplemente no entienden las razones ni bíblicas

> *El poder de una decisión está en proporción directa a la calidad de las preguntas que se formularon mientras se tomaba.*

ni prácticas de dar dinero. Y otros piensan que no hay suficiente transparencia sobre lo que se hace con el dinero que dan.

Cuando el consejo examina los obstáculos, abren todo tipo de formas posibles de abordarlos. En términos generales, si se reducen las fuerzas negativas, el balón va para adelante. Eso es mucho más eficaz – y más bíblico – que sólo empujar a la gente a dar más.

Piense en la diferencia que las buenas preguntas podrían hacer en sus equipos de ministerio. Digamos que el equipo de equipo de alcance se reúne para evaluar la eficacia del ministerio de despensa de alimentos. ¿Qué pasaría si hicieran estas preguntas?

- ► ¿Qué está funcionando bien?
- ► ¿Qué no está funcionando?
- ► ¿Qué estamos aprendiendo?
- ► ¿Qué necesita cambiarse?
- ► ¿Cúales son los siguientes pasos?

El equipo podría reconocer de repente que a pesar de distribuir alimentos a los pobres, no están estableciendo tantos relaciones como podrían. Están aprendiendo sobre la importancia que tienen las relaciones con los actos de servicio y donación. Podrían empezar a hablar de cómo hacer que el ministerio de la despensa de alimentos sea más relacional, y tomar pasos para avanzar en esa dirección.

¿Cómo sería si hubiera Bernabés dispersados por toda su iglesia? Usted conseguiría el tipo de resultados tangibles que desea. El comportamiento de un Bernabé marca una diferencia de maneras prácticas, de las reuniones de consejo, a las cenas, de las despensas de alimentos a las interacciones con niños.

Un ambiente lleno de Bernabés es dramáticamente distinto a un ambiente sin Bernabés... y todos los que entran por sus puertas sentirán la diferencia. Quizás no sepan identificar cómo es diferente, pero sentirán la diferencia.

PREGUNTAS PARA REFLEXIONAR:

1. Imagínese la presencia de Bernabés por toda su iglesia. ¿Dónde los podría usted colocar? ¿Qué podrían hacer?

2. ¿Cómo cambiarían las interacciones sociales con la presencia de más Bernabés?

3. ¿De qué maneras podría usted empezar a desarrollar a más Bernabés en su iglesia? ¿Cómo podría usted introducir los conceptos?

4. Haga una lista de todos los distintos ministerios en su iglesia. Considere el papel posible de un Bernabé en cada uno de ellos.

Ministerio	Papel del Bernabé

CAPÍTULO 4

Un futuro con Bernabés

Imagínese cómo podría ser el mundo

El ministerio de Bernabé es sencillo, no es complicado. Toma a personas ordinarias estén donde estén y les ayuda a avanzar. Se aplica igual de bien a vecinos, a nuevos creyentes, a líderes, a padres, a pastores y a las personas que tienen problemas en su trabajo. ¿Por qué? Porque cualquier persona que tome el tiempo suficiente para escuchar puede oír la voz del Espíritu Santo. Él ya está obrando.

En este capítulo, hagamos juntos un recorrido como observadores silenciosos del comportamiento de un Bernabé dentro de una iglesia y más allá de ella.

· · · · ·

Dana es una Bernabé que actualmente sirve como líder de una comunidad misional. Ella siente la necesidad de llevar a su grupo a un nivel más profundo en su viaje de discipulado, y por tanto el grupo comienza a estudiar un recurso que Dana ha encontrado; son los materiales de *Dimensiones del Discipulado*.

Dado que cada persona está en una fase distinta en la vida y por tanto tiene necesidades diferentes, Dana divide el grupo completo en tríadas para que las personas puedan servir como Bernabés los unos a los otros. Mientras cada individuo contempla lo que escucha de Dios, tiene a dos otras personas que lo escuchan, que oran por él/ella, y que le hacen preguntas.

. . . . .

Chad forma parte de una de estas tríadas. Él ha estado centrándose en su transformación personal. Él ha estado luchando en su trabajo, y siente que su papel actual de ingeniero lo está limitando. Al mismo tiempo, él no está seguro cuáles deben ser sus siguientes pasos, y teme hacer un cambio importante de carrera y luego llegar a lamentarlo.

Mientras Chad escucha para oír la voz del Espíritu Santo, siente que Dios lo puede estar llamando a enseñar a los adolescentes que viven en zonas urbanas, como paso siguiente en su discipulado. Pero no está seguro. ¿Cómo puede saberlo sin haberlo intentado? Debido a las preguntas abiertas que las otras personas en su tríada le hacen, él recuerda que su compañía tiene una política de permiso de ausencia. Puede tomar un permiso de seis meses y todavía volver a su trabajo de ingeniería después, si así lo desea. Eso es justo el tiempo que necesita para enseñar matemáticas durante un semestre en una escuela intermedia local que tiene dificultades y necesita desesperadamente maestros de matemáticas calificados.

Chad tiene un sentido de esperanza y expectativa - y también un poco de inquietud- cuando solicita un permiso de ausencia, e inicia una conversación con el director de la escuela.

. . . . .

Cuando Chad empieza a enseñar, conoce a Joaquín, un estudiante de séptimo grado que comienza a asistir al "club de tarea" voluntario que Chad ha establecido y que se reúne después de las clases. Parece que

Joaquín tiene algunos problemas en casa, y Chad empieza a hacerle preguntas. Resulta que el hermano mayor de Joaquín forma parte de un grupo de jóvenes que está causando problemas por todo el vecindario y ellos están pasando mucho tiempo en la casa de su familia, donde hay tres hermanos menores.

Por medio de una conferencia entre Chad, Joaquín, y su madre (durante la cual Chad sirve como Bernabé), la familia decide establecer unos límites para mantener a los adolescentes de barrio alejados de su casa, y ayudar al hermano de Joaquín a tomar mejores decisiones.

· · · · ·

María, la madre de Joaquín, observa la diferencia en su familia después de implementar algunos de los "consejos" que Chad le ha dado. Se ha olvidado que fue idea de ella, y que Chad no hizo más que escuchar y hacer preguntas. Aunque María fue criada como católica, ella se ha mantenido alejada de la iglesia durante toda su vida de adulta. Ella no va a ir tan lejos como asistir a la iglesia de Chad (¿Se sentiría cómoda allí? Probablemente no, piensa.)

No obstante, ella decide asistir al estudio bíblico de mujeres que tiene lugar los martes por la mañana. Sólo iré una vez, dice a sí misma. Después de todo, proporcionan cuidado gratuito a los niños. ¿Perderé algo con intentarlo? María se sorprende al encontrar que las mujeres no parecen juzgarla por ser una madre soltera. La verdad es que algunas de ellas son realmente amables con ella y parecen interesarse por su vida. Ellas le hacen preguntas y la escuchan. Comparten con honestidad aspectos de sus propias vidas y luchas.

Los martes por la mañana se convierten rápidamente en uno de los ratos más relajantes y revitalizantes de la semana de otra manera muy ocupada de María. Aún no tiene muy claro lo de Jesús o de la iglesia, pero a ella le caen bien estas mujeres.

· · · · ·

Jennifer y Cynthia son dos de las mujeres que participan en el mismo estudio bíblico de la mañana del martes que María. Ambas tienen niños pequeños y están en medio de todas las dificultades típicas de esa época de la vida: como usar del orinal, enseñar a los niños pequeños a compartir, despertarse en el medio de la noche, ayudar a sus hijos de edad para Kindergarten a aprender habilidades sociales básicas. Pero quieren algo más que simplemente sobrevivir esta etapa de la vida. A medida que conversan entre sí, oran y escuchan para oír la voz de Dios en medio del caos de la vida, sienten el deseo de crear una red de apoyo para ayudar a los padres-y a sus hijos-a prosperar.

Ellas crean una red de padres que sirven como Bernabés a otros padres. No es preciso que sepan todo sobre la crianza de los hijos. De hecho, se les pide que no traten de imponer sus propias opiniones sobre otros padres, sino que escuchen y hagan preguntas. Su objetivo es servir como caja de resonancia, y que los padres tengan a alguien que los escuche mientras se esfuerzan a ser mejores padres.

· · · · ·

A medida que el ministerio de la red de padres se despega, Jason, el pastor de los niños, siente una disminución en sus exigencias de trabajo. Por lo general, él se siente abrumado por las necesidades, la programación, las quejas, la falta de voluntarios, etc. Pero las cosas han mejorado últimamente. Tal vez se debe al nuevo ministerio de la red de padres... ¿quién sabe? Pero sea cual sea la razón, Jason ahora puede dedicar un poco de tiempo a discernir lo que está escuchando de Dios recientemente.

La verdad es que Jason no sólo se ha sentido abrumado, sino también enojado. Desde hace seis meses él está en un conflicto continuo con el pastor de alabanza, y la situación está llegando a un punto alarmante. Les está resultando muy difícil trabajar juntos y el conflicto interpersonal que ha surgido está interfiriendo con su trabajo. Jason teme un poco llevar el asunto a Sam, el pastor principal, pero piensa que va a tener que hacerlo en algún momento, así que ya debe hacerlo de una vez.

Sam escucha la perspectiva de Jason y le demuestra empatía sin decir nada negativo de Pedro, el pastor de alabanza. Jason se sorprende del alivio que siente después de hablar con Sam. De hecho, se siente tanto mejor que acepta la oferta de Sam de ayudar a facilitar una conversación entre Jason y Pedro con el fin de ayudarles a tener una actitud más positiva sobre su entorno de trabajo y su relación.

A Pedro le sorprende tener la conversación con Jason y Sam. No estaba consciente de que había un problema, pero a decir verdad, él ha estado preocupado últimamente por otros asuntos. Tal vez no ha prestado tanta atención como debería en el impacto que su comportamiento ha tenido en las personas de su entorno.

Sam, el pastor principal, Se encarga de la situación con tanta gracia que Pedro decide confiar en él que lo bloqueado que se ha sentido en su ministerio. Siente que hay algo próximo, algo acuciante que necesita hacer, pero está fuera de alcance.

Sam lo anima a pensar fuera del ámbito de "pastor de alabanza". Tal vez Dios está llamando a Pedro a hacer algo más allá de ese papel. Durante los próximos dos meses, Peter planifica paso a paso un fin de semana de discipulado. No quiere que la alabanza se limite a los domingos por la mañana o a tiempo devocional. Él quiere animar a la gente de la iglesia a participar en una alabanza íntegra: adorar con todo su corazón, alma, mente y fuerza.

· · · · ·

A Pedro le sorprende tener la conversación con Jason y Sam. No estaba consciente de que había un problema, pero a decir verdad, él ha estado preocupado últimamente por otros asuntos. Tal vez no ha prestado tanta atención como debería en el impacto que su comportamiento ha tenido en las personas de su entorno.

Sam, el pastor principal, Se encarga de la situación con tanta gracia que Pedro decide confiar en él que lo bloqueado que se ha sentido en su ministerio. Siente que hay algo próximo, algo acuciante que necesita hacer, pero está fuera de alcance.

Sam lo anima a pensar fuera del ámbito de "pastor de alabanza". Tal vez Dios está llamando a Pedro a hacer algo más allá de ese papel. Durante los próximos dos meses, Peter planifica paso a paso un fin de semana de discipulado. No quiere que la alabanza se limite a los domingos por la mañana o a tiempo devocional. Él quiere animar a la gente de la iglesia a participar en una alabanza íntegra: adorar con todo su corazón, alma, mente y fuerza.

· · · · ·

El fin de semana toma forma, y quince personas reservan tiempo para reflexionar sobre sus caminos de discipulado. Tres Bernabés están presentes para ayudar a la gente a discernir cómo están creciendo y cuál será el siguiente paso en su vida y ministerio.

Una de las personas que asiste ese fin de semana es María, del estudio bíblico de los martes por la mañana. Antes de ir, ella pidió permiso porque no estaba segura si el fin de semana era exclusivamente para la gente de la iglesia. Pero como algunas de las amigas de su estudio bíblico ya la habían asegurado, fue perfectamente aceptable que asistiera.

En su estudio de Jesús en el Evangelio de Marcos, María había entendido que debería estar extendiendo la mano a sus vecinos y ayudándoles más de lo que había hecho. Aunque no estuviera convencida que Jesús era Dios, eso por lo menos le parecía una buena idea. Al final del fin de semana, María se alejó con algunas ideas sobre cómo mostrar amor a sus vecinos. Fue casi como si Dios le estuviera hablando.

· · · · ·

Aarón también asistió al fin de semana de discipulado. Acababa de pasar por un divorcio amargo, y sentía la necesidad de volver a conectarse con

Dios y reparar su vida espiritual. Sabía que necesitaba sanidad. Después de hablar con uno de los

Bernabés, Aarón salió con una nueva manera de relacionarse con Dios. Empezó a sentir el principio de la esperanza que podía experimentar de nuevo la gracia y el amor de Dios.

· · · · ·

Justin salió de su experiencia del fin de semana del discipulado con una nueva visión para el servicio. Hacía tiempo que sabía que quería servir de voluntario en una casa de rehabilitación, pero no se había dado cuenta hasta ahora que no querer hacerlo solo. Quería ser el líder un equipo de la iglesia. Eso era lo que hasta ahora lo había frenado. Cuando Justin regresó del fin de semana, presentó una solicitud al consejo de Presbíteros pidiendo que aprobaran este nuevo equipo de ministerio.

· · · · ·

El consejo de Presbíteros tenía una larga historia de planificar... y de avanzar únicamente con los planes que se habían originado del mismo consejo. Cuando surgió la propuesta de iniciar un ministerio en una casa de rehabilitación, el instinto de la mayoría de las personas era dejarla para luego: Tal vez el año que viene, pero de momento tenemos otras prioridades.

Pero un miembro del Consejo preguntó: "¿y si esto es algo que Dios quiere que hagamos? ¿Cómo lo sabremos? "Sugirió que aprobaran el nuevo equipo de ministerio por un periodo de prueba, y evaluar el ministerio de nuevo después de tres meses.

El nuevo ministerio dio fruta a un nivel sorprendente, dado el bajo costo de la inversión. De esta manera, surgió un nuevo ministerio a través del cual la iglesia pudo bendecir a la comunidad.

· · · · ·

Después de reflexionar sobre algunos de sus éxitos recientes, incluso el ministerio en la casa de rehabilitación, el fin de semana de discipulado, y los materiales de Dimensiones del Discipulado que se estaban usando en una de sus comunidades misionales, el consejo de ancianos decidió ofrecer a la congregación un curso de formación de Bernabé. Ellos eligieron a Dana, la líder de la comunidad misional, para facilitar la formación puesto que ella había recibido anteriormente formación como Bernabé.

Ahora a Dana le gusta enseñar sus habilidades de Bernabé a otros, y también ayudar a las personas recién llegadas a la congregación a encontrar una oportunidad de servicio que les da significado, y que está en consonancia con la manera en que les hizo Dios y a lo qué Él los está llamando a hacer.

· · · · ·

¿Y se acuerda usted de Chad? ¿El ingeniero que tomó un permiso de ausencia para trabajar de maestro durante un semestre? Decidió volver a su trabajo de ingeniería, pero con un papel adicional. Su compañía ha acordado que Chad sirva de coordinador para un programa de enseñanza de voluntarios para los empleados, en el que los ingenieros enseñan a estudiantes en zonas urbanas y los animan a seguir estudios en los campos de matemáticas e ingeniería.

Chad empezó a dirigir a un equipo de cuatro voluntarios en su trabajo y está aprendiendo cómo tener una influencia espiritual positiva en su lugar de trabajo. Ahora a Chad le gusta mucho más su trabajo. Él siente que está precisamente donde Dios quiere que esté en este momento.

· · · · ·

Considere los pasajes que están abajo. ¿Con quién podría hablar Dios? ¿Qué diferencia podrían hacer?

> Samuel todavía no conocía al SEÑOR, ni su palabra se le había revelado.8 Por tercera vez llamó el SEÑOR a Samuel. Él se levantó

y fue adonde estaba Elí.—Aquí estoy —le dijo—; ¿para qué me llamó usted? Entonces Elí se dio cuenta de que el SEÑOR estaba llamando al muchacho. 9 —Ve y acuéstate —le dijo Elí—. Si alguien vuelve a llamarte, dile: "Habla, SEÑOR, que tu siervo escucha". Así que Samuel se fue y se acostó en su cama. 10 Entonces el SEÑOR se le acercó y lo llamó de nuevo: —¡Samuel! ¡Samuel! —Habla, que tu siervo escucha —respondió Samuel. (I Samuel 3:7-10)

Un día en que Moisés estaba cuidando el rebaño de Jetro, su suegro, que era sacerdote de Madián, llevó las ovejas hasta el otro extremo del desierto y llegó a Horeb, la montaña de Dios. 2 Estando allí, el ángel del SEÑOR se le apareció entre las llamas de una zarza ardiente. Moisés notó que la zarza estaba envuelta en llamas, pero que no se consumía, 3 así que pensó: ¡Qué increíble! Voy a ver por qué no se consume la zarza. 4 Cuando el SEÑOR vio que Moisés se acercaba a mirar, lo llamó desde la zarza: —¡Moisés, Moisés! —Aquí me tienes —respondió. (Éxodo 3: 1-4)

A visitar a una joven virgen comprometida para casarse con un hombre que se llamaba José, descendiente de David. La virgen se llamaba María. 28 El ángel se acercó a ella y le dijo: —¡Te saludo,[a] tú que has recibido el favor de Dios! El Señor está contigo. [b]29 Ante estas palabras, María se perturbó, y se preguntaba qué podría significar este saludo. 30 —No tengas miedo, María; Dios te ha concedido su favor —le dijo el ángel—. —Aquí tienes a la sierva del Señor —contestó María—. Que él haga conmigo como me has dicho. Con esto, el ángel la dejó. (Lucas 1: 27-30, 38)

Entonces oí la voz del Señor que decía: —¿A quién enviaré? ¿Quién irá por nosotros? Y respondí: —Aquí estoy. ¡Envíame a mí! (Isaías 6:8)

PREGUNTAS PARA REFLEXIONAR:

1. Imagínese a Bernabés en toda su iglesia. ¿Qué aspecto tendría su ministerio? ¿Qué sería diferente?

2. ¿Dónde en su iglesia se verían posiblemente cambios positivos?

3. ¿Quién podría ser empoderado al escuchar al voz del Espíritu Santo para su dirección?

CAPÍTULO 5

¿Cómo puede usted desarrollar una cultura Bernabé?

Pasos y opciones prácticos

¿Qué pasa si usted mismo no sólo quiere hacerse más un Bernabé, sino quiere ver también a las personas a su alrededor hacerse Bernabés? Sea usted pastor o un líder laico, este capítulo presenta varios enfoques distintos que le pueden ayudar a difundir el ministerio de Bernabé dentro de su iglesia.

Mientras mira algunos de los enfoques descritos aquí, considere su propio papel. No importa que usted tenga o no la autoridad para implementar algunos de estos enfoques en una capacidad formal. Nunca subestime el potencial de la influencia de base. Por lo general, la mejor manera de implementar cualquier cosa es vivirla y dejar que otros vean los resultados. Cuando algo se vuelve popular de forma orgánica tiene mucho más poder que cuando se intenta imponer los cambios desde arriba.

Otro asunto a considerar es el tamaño, la estructura y la cultura de su entorno de ministerio. Es posible que un enfoque que funcione bien en un contexto no funcione en absoluto en otro. Considere lo que ha sido eficaz en el pasado y ore sobre cómo implementar el ministerio de Bernabé. El mejor enfoque varía ampliamente; haga lo que tiene la mayor probabilidad de producir buenos resultados en su contexto.

Lo más importante es pasar de pensar en una cultura Bernabé a *implementar* verdaderamente una cultura Bernabé. Puede que usted tome algunos turnos equivocados en el camino, pero todos tenemos que empezar en algún lugar. Aprenderá a medida que avanza qué estrategias son más eficaces en su contexto. La clave es tomar algunos pasos concretos. Hay libertad para adaptar uno de los enfoques descritos aquí o incluso desarrollar el suyo propio.

Opciones de implementación:

Estoy seguro que hay muchas más maneras de implementar el ministerio de Bernabé, pero aquí hay algunas que se me han ocurrido a mí. Considere el aspecto que podría tener cada una dentro de su contexto de ministerio.

Servir como un Bernabé usted mismo

La mejor manera para empezar es de servir como un Bernabé usted mismo. Puede empezar con sólo el material de este libro, o puede también agregar formación de coaching para Bernabés. Pero empiece inmediatamente a servir como un Bernabé a los que le rodean: su familia, sus amigos, las personas en su grupo pequeño o equipo de servicio. Ellos notarán la diferencia, usted podrá explicar lo que está haciendo, y así ellos podrán empezar a aprender también.

Tomar el liderazgo como un Bernabé

Considere su papel. ¿Diriges un equipo voluntario de alabanza? ¿Facilita un grupo pequeño? ¿Enseña clases para niños? ¿Ayuda usted a otros a participar en el ministerio misional?

Sea cual sea el puesto en que sirve de líder, puede mejorarse si escucha a los que usted está guiando, les hace preguntas y les saca sus pensamientos. Usted puede ayudarles a escuchar al Espíritu Santo para que averigüen dónde Él los guía. Usted puede empoderarlos para un ministerio más poderoso al servir como una caja de resonancia que les ayuda a determinar su camino y sus siguientes pasos.

Participar en relaciones recíprocas con otros Bernabés

Usted y un par de otras personas pueden acordar servir como Bernabés los unos a los otros. Por ejemplo, supongamos que usted dirige un grupo comunitario. Usted podría reunirse mensualmente con otros dos líderes de grupos comunitarios y pasar 30 minutos enfocándose en cada uno de ustedes: escuchar, alentar, clarificar, intercambiar ideas, resolver problemas, orar. Usted se asombrará de lo fructífero que puede ser ese tiempo que tienen juntos. Yo les llamo "tríadas" a estas reuniones de tres personas.

Los de ustedes que me conocen saben que tengo afición por las tríadas. Se me ocurrió el concepto mientras trabajaba con un grupo al que no le gustaba la jerarquía. En algunas situaciones, a un Bernabé se le puede confundir con un supervisor, o como alguien que está de alguna manera "por encima de" los demás. Naturalmente, una interpretación más precisa sería que es un siervo.

No obstante, en muchos casos, un desafío da lugar a una buena solución. Las tríadas son grupos de pares de tres. Nadie está "a cargo", y cada uno puede servir como Bernabé a los otros dos. He descubierto que los grupos de cuatro no son capaces de dar suficiente atención individualizada a cada miembro. Los grupos de dos pueden llegar a ser competitivos si da la sensación que una persona lo hace "mejor" que la otra. Pero los grupos de tres pueden servirse los unos a los otros muy eficazmente.

Ofrecer formación a más Bernabés

Otra manera de difundir el ministerio de Bernabé por todo su contexto es desarrollar a más Bernabés. A algunas personas les gusta hacer el coaching de forma individual, sin pensar en los beneficios potenciales al ministerio más global si el coaching se extiende. Extiéndalo por el acto de levantar a más Bernabés. Tenemos herramientas que usted puede usar para conseguir eso a nivel de base. Vea usted la lista de recursos expuesta más adelante en este capítulo para ver qué herramientas le puedan servir de ayuda.

Puede empezar en su área de ministerio solamente, o puede ofrecer formación de Bernabé a cualquier persona que demuestre interés. En cualquier caso, es mejor que la formación sea voluntaria. De esa manera usted no tiene que convencer a las personas a participar en algo que aún no están listas a intentar.

Una vez que usted tiene algunas personas capacitadas, puede entonces hacerlas disponibles para servir a otros. Los que tenían duda sobre la formación pueden ver los efectos y después decidir si desean seguir adelante con su propia formación. De esta manera, el ministerio de Bernabé puede extenderse orgánicamente por toda la iglesia.

¿Qué estrategias dan resultados?

Cuando considera las estrategias de implementación enumeradas anteriormente, ¿qué cree usted que podría funcionar bien en su contexto? ¿Qué no podría funcionar bien?

Desarrrollar a Bernabés dentro de un área de ministerio

Otra manera de crear una cultura Bernabé es empezar con sólo un ministerio. Si su iglesia está estructurada de manera más tradicional, usted podría comenzar a desarrollar a Bernabés sólo en el ministerio de grupos pequeños, o dentro del ministerio de los niños. Este enfoque tiene una ventaja: usted podrá probar el ministerio de Bernabé a una escala menor para ver si funciona antes de intentar implementarlo más ampliamente.

Esta estrategia también puede ser eficaz en las iglesias que son más reticentes a cambiar la manera en que se hacen las cosas. De este modo la gente puede observar el impacto en un área del ministerio antes de decidir si será útil en sus áreas de ministerio también. Generalmente, cuando las personas ven el impacto positivo de un ministerio de Bernabé que ha tenido éxito, están más dispuestas a intentarlo. Usted puede decidir estratégicamente en qué área de su iglesia sería mejor empezar.

Capacitar a unas personas en cada área de ministerio a pastorear a los demás

También es posible capacitar como Bernabés a algunas personas en cada área de ministerio. Después, ellos pueden servir a otros líderes según sea necesario. Por ejemplo, usted podría capacitar a tres de los líderes de grupos pequeños más experimentados y eficaces. Ellos entonces estarían disponibles para ayudar a los líderes de grupo con menos experiencia a pensar en la mejor manera de ejercer liderazgo en sus grupos.

Este enfoque combina el ministerio de Bernabé con una relación de mentor. En esta situación es mejor permitir a las personas que entren de forma voluntaria en una relación que asignar a cada uno a un Bernabé. Usted también tiene que asegurar que sus Bernabés sean capaces de abstenerse de dar consejos en las áreas donde son expertos, ya que el poder del papel de un Bernabé reside en escuchar y hacer buenas preguntas.

El Pastor como Bernabé

Una gran parte del liderazgo verdadero se comunica por medio del ejemplo. Las personas ven lo que hace el pastor, y lo entienden como valor auténtico – independientemente de los valores que se promueven con las palabras. Cuando reciben capacitación como un Bernabé y muestran las habilidades de escuchar bien y hacer buenas preguntas, los pastores pueden demostrar de primera mano el valor que aporta un Bernabé.

Los pastores a menudo consideran especialmente útiles las habilidades de Bernabé, puesto que la gente recurre a ellos con regularidad a pedirles consejo. Cuando hacen preguntas a las personas, y las ayudan a escuchar al Espíritu Santo y a considerar detenidamente lo que Dios les está llamando a hacer, los pastores pueden en realidad ser más eficaces. Además de evitar llevar todo sobre sus propios hombros, los pastores ayudan a madurar y empoderar a su gente mientras la siguen sirviendo de apoyo.

Capacitar al personal para servir como Bernabés

Si usted tiene pastores asociados o múltiples personas en el personal de su iglesia, usted los puede proporcionar a todos formación para servir como Bernabés. La misma estrategia puede usarse con distintas estructuras de ministerio: usted puede capacitar a sus presbíteros para que sirvan como Bernabés, o a sus líderes de grupos pequeños, o a sus líderes de misión comunitaria, o a sus líderes de equipo de ministerio... cualesquier personas que estén en su siguiente nivel de liderazgo.

Este enfoque proporciona el beneficio de muchos más Bernabés en toda la organización, multiplicando el impacto en su cultura de ministerio. No olvide, sin embargo, que estos líderes-- ya sean empleados, presbíteros, líderes de grupo o líderes de equipos de ministerio-- necesitarán que alguien sirva como un Bernabé a ellos. Necesitarán apoyo para seguir sirviend pacidad a largo plazo.

Abordar las dificultades comunes

Durante la implementación del ministerio de Bernabé, pueden surgir ciertos problemas comunes y queremos ayudarle a reflexionar sobre estas cuestiones. Se enumeran abajo los problemas más comunes, así como sugerencias sobre la manera de solucionarlos.

Disminución de entusiasmo

Uno de los problemas más comunes que enfrentan los líderes de la iglesia es la disminución de entusiasmo. Empezamos con mucho ímpetu, vamos a hacer esto... y luego el entusiasmo se disipa, y las actividades de Bernabé se disipan también. Veo este mismo ciclo no sólo en el ministerio de Bernabé sino en muchos otros intentos de implementación de iniciativas. El mismo ciclo de disipación se puede ver en las actividades de justicia social, las campañas de donación financiera, las iniciativas de salud de la iglesia, el compromiso misional, los esfuerzos de evangelismo, la lista sigue.

La dinámica detrás de la disminución es la misma, independientemente de la actividad. Las disminuciones de entusiasmo repetidas pueden dañar mucho más a la iglesia de lo que a menudo somos conscientes. Es decir, cuando los líderes presentan una y otra vez iniciativas que luego dejan disiparse, acostumbran a su gente a no tomarlas en serio. La gente piensa: "parece que este ministerio de Bernabé va a ser la próxima moda pasajera. No voy a comprometerme con esto porque dentro de seis meses ya habrá desaparecido." La fórmula para evitar este tipo de daño es una combinación de modelado, consistencia y apoyo.

- ► Modelado: Si los líderes superiores no se dedican a una actividad – ya sea el ministerio de Bernabé, el evangelismo o grupos pequeños – casi todos los demás supondrán que no es muy importante.

- ► Consistencia: Esto es simplemente ser tenaz. Si usted se compromete con algo a largo plazo, tarde o temprano se hará popular.

- ► Apoyo: Se necesita algún tipo de estructura de apoyo para los nuevos ministerios. A veces es la financiación u horas de personal. En el caso del ministerio de Bernabé a menudo puede tratarse de algo como, un sistema en línea que mantiene en marcha las relaciones de Bernabé. También pueden ser reuniones mensuales donde todos los que sirven como Bernabés se juntan para apoyarse, orar juntos y alentarse.

Juntos, el modelado, la consistencia y el apoyo trabajan para fomentar la longevidad de cualquier esfuerzo, y eso incluye el ministerio de Bernabé.

Resistencia a la autoridad

En algunas situaciones, la gente se resiste intuitivamente a la idea que otra persona ejerza "autoridad" sobre su ministerio. Una estructura informativa puede darles a algunas personas la sensación de que otros no tienen confianza en su capacidad de tomar sus propias decisiones ministeriales.

Una experiencia, por breve que sea, con el ministerio de Bernabé eliminará estas creencias, sobre todo cuando el Bernabé escucha y empodera en lugar de decirles a las personas lo que deben hacer. Sin embargo, si la resistencia es fuerte, una estructura de pares en el ministerio de Bernabé (yo soy Bernabé para usted, y usted es Bernabé para mí) puede servir de ayuda. Vea el enfoque de la tríada descrito anteriormente.

Resistencia a la supervisión provista por los líderes laicos

En algunas situaciones, las personas resisten la supervisión provista por los líderes laicos. Creen que sólo deben "informar" a los que tengan un puesto pastoral formal. Parte de esta resistencia es similar a la mala interpretación del ministerio de Bernabé mencionada anteriormente - no es un puesto de autoridad, sino de servicio.

Sin embargo, a un nivel más profundo, esto se trata esencialmente de una cuestión teológica que no toma plenamente en cuenta el sacerdocio de todos los creyentes. Todos los creyentes son llamados a hacer uso de sus dones, y no existe razón para limitar el ministerio de Bernabé al clero.

Aquí hay algunas maneras posibles de abordar este desafío:

- ▶ Educación teológica: Planifique sermones u otras oportunidades de enseñanza sobre los dones espirituales, el liderazgo, el servicio, y el papel del clero.

- ▶ Educación Bernabé: Clarifique el papel de siervo de un Bernabé a través de la formación, la demostración y el modelado.

- ▶ Cambiar el nombre: Según la tradición denominacional de usted, las personas que sirven como Bernabés podrían considerarse- y llamarse- presbíteros, diáconos, o diáconisas.

No se considera de ayuda

Hay dos razones principales por las que las personas no consideran de ayuda el ministerio de Bernabé: 1) no lo han experimentado a nivel personal, y 2) no han recibido buena formación en el ministerio.

Cuando las personas no pueden ver ni vivir el ministerio de Bernabé de manera práctica, no pueden entender su poder ni el impacto que puede tener. Es preciso que lo entiendan no sólo intelectualmente sino también por medio de la experiencia. Necesitan tener a alguien que les sirva como un Bernabé.

Por esta razón, cualquier formación de Bernabé que ofrece su iglesia deberá componerse de muchos ejercicios, ejemplos y demostraciones prácticos. La formación también debe llevar directamente a la aplicación de los conceptos aprendidos a situaciones de vida reales. Perdemos las habilidades que no practicamos.

No adquiere adherentes

A veces, cuando se presenta una idea o un enfoque nuevo, no parece ganar tracción - no se hace popular. Cuando esto sucede con el ministerio de Bernabé en las iglesias, la raíz del problema suele ser una falta de puesta en práctica por el liderazgo. Si los pastores modelan el comportamiento de Bernabé, la gente no sólo verá de primera mano los beneficios, sino también reconocerán su importancia.

La gente mira una y otra vez a sus líderes para ver señales que demuestran lo que realmente tiene importancia y lo que no la tiene. Una vez que la gente experimente el ministerio de Bernabé, y ve que sus líderes participen en él, el ministerio de Bernabé adquirirá popularidad.

Recursos para ayudarle en el camino

Usted podría seguir adelante con este libro y nada más. Los principios básicos están aquí. Sin embargo, si prefiere no empezar desde cero, le invito a tomar provecho de algunos de los recursos abajo. A medida que selecciona los recursos, tenga en cuenta su contexto particular de ministerio y adapte los recursos según sea necesario.

- ▶ **Este libro.** *Hacerse Bernabé* es un gran punto de partida. Si usted quiere comenzar a difundir la palabra dentro de su ministerio, consiga algunas copias de este libro para sus líderes claves.

- ▶ **El ABC del Coaching** lo llevará a través de un proceso de 5 etapas, el cual consiste en relacionar, reflejar, reenfocar, reconocer los recursos y revisar. Si quieres crecer como entrenador, este es el recurso que necesitas. Visita https://loganleadership.com/ABC para aprender más.

- ▶ **Manual del ABC del Coaching** es un recurso diseñado para ayudar a líderes a aplicar los principios prácticos introducidos en "El ABC del Coaching" y comenzar el trayecto de convertirse en un coach más efectivo. Visita https://loganleadership.com/ABC2 para aprender mas.

► **La Diferencia del Discipulado**- plantea un acercamiento intencional,integral y relacional al discipulado, que se puede personalizar paraencontrarse con cada persona en el lugar donde se encuentre. Visita https://loganleadership.com/discipulado para aprender más.

► **Las Dimensiones del Discipulado**- un currículo comprensivo para ayudarle en su viaje personal de discípulado. Invita a otros para estudiar con usted y anima a los discípulos nuevos y viejos a Ama a Dios, Ama Otros, y Hacer Discípulos.

Las Dimensiones del Discipulado

► Experimentando a Dios

► Haciendos discípulos

► Capacidad de respuesta espiritual

► Transformación personal

► Servicio sacrificial

► Relaciones auténticas

► Una vida generosa

► Transformación en la comunidad

Estos ocho elementos forman la base del discipulado Y del liderazgo. En realidad, el discipulado es el componente que falta en la mayoría de los programas de desarrollo de liderazgo. No podemos hacer líderes eficaces de personas que no son primeramente discípulos. Vea https://loganleadership.com/recursos-en-espanol/ para más información sobre la manera de implementar las *Dimensiones del Discipulado* en su ministerio.

Conclusión

Escoja un enfoque para desarrollar una cultura Bernabé que funcione en su estructura de ministerio. La contextualización es importante porque este enfoque relacional se convierte en el carácter de quiénes son ustedes como iglesia y la manera en que alientan a la gente.

La estructura del coaching proporciona un grado de dirección –pero sin ser directiva.

Independientemente del método que decida utilizar, asegúrese de ser consistente e intencional en su implementación. Sin esa intencionalidad, el potencial se desperdicia. Con intencionalidad, verá mucho más fruto que usted imaginaba.

Cuando usted tiene un sistema de alentar a las personas y desarrollarlas a largo plazo, verá a personas sanadas, a discípulos desarrollados, los líderes levantados, al ministerio mejorado, y vislumbres del Reino mientras el Espíritu Santo obra en nosotros.

Como resultado del coaching, las personas no crecen únicamente en su discipulado, sino también viven cada vez más la encarnación, ministran por compasión, desarrollan nuevos líderes, e incluso levantan sembradores de iglesias. El coaching impacta no sólo al individuo, sino a toda la comunidad.

Desde hace un par de años, Madison Vineyard Church ha mantenido un programa de pasantías en el que ofrece coaching a los que quieren desarrollarse como líderes. Han visto a la gente recibir claridad acerca de su vocación, así como analizar los obstáculos y las opciones de una manera distinta a cómo lo harían por costumbre. Ese impacto ha irradiado por toda su comunidad como resultado de las experiencias de esos líderes.

Una mujer que había empezado un ministerio de intercesión en la iglesia tenía sus dudas sobre el coaching. Por naturaleza no era muy estructurada y ponía resistencia a la idea de que un coach impulsara la agenda para su ministerio de oración. Sin embargo, su experiencia de coaching no se alineó con esas preocupaciones. En cambio, ella se llevó algunos elementos de acción útiles de la relación de coaching- elementos de acción que a ella misma se le ocurrieron. Algunos de esos elementos de acción eran personales – maneras de crecer en su propia vida de oración. Otros elementos de acción tuvieron una aplicación más amplia. Una nueva idea que implementó movió hacia adelante el ministerio de oración más que en los tres años anteriores.

Otro hombre sirvía en el ministerio de grupos pequeños. Recibir formación de coaching le ayudó a convertirse en un mejor oyente, creando un espacio para que la gente procesara sus propios pensamientos. Era por naturaleza un extrovertido que había tendido a llenar el espacio rápidamente cada vez que había silencio. Sin embargo, aprendió a controlar esa tendencia cuando estaba pastoreando a introvertidos.

También aprendió a hacer preguntas diseñadas para sacar a la gente, consiguiendo que su grupo fuera más eficaz en discipular a los que formaban parte de ella.

Una tercera persona que participaba en la pasantía dirigía el ministerio de matrimonio y familia. Ella daba clases, y como resultado de haber recibido coaching decidió también comenzar a ofrecer coaching una vez al mes a las personas que querían ayuda para comunicarse más eficazmente con su cónyuge. De esta manera, el coaching se extendió por toda la congregación de una manera que hizo un impacto significativo en la vida diaria de la gente.

El pastor de Madison Vineyard lo dijo así: "Creo que ya estábamos en posición para escuchar al Espíritu Santo, pero el coaching nos ha llevado a un nuevo nivel. Ha dado estructura y palabras a la manera en que escuchamos a Dios, y cómo nos alentamos el uno al otro mientras procesamos lo que oímos de Dios."

El coaching también ha tenido un impacto en las relaciones del discipulado, sobre todo en las personas que son más nuevas a la fe. Hacer preguntas en el contexto de una comunidad proviene una red de seguridad mientras aprenden a discernir la voz de Dios. En lugar de tratar de escuchar a Dios por su cuenta, pueden aprender a hacerlo junto a otros, comprobando lo que están oyendo y aprendiendo. Como resultado, los nuevos discípulos se fortalecen y aprenden a discernir la voz de Dios junto a otros. La estructura del coaching proviene un grado de dirección, pero sin ser directiva.

En la reunión de la Junta de la iglesia el mes pasado, un líder modeló las habilidades de coaching al hacer las preguntas: "¿Qué está claro?" ¿Qué no está claro?" El enfoque entero de la reunión fue muy distinto de la agenda tradicional. Las discusiones fueron fructíferas, y resultaron en un mayor sentido de responsabilidad personal de lo habitual; todos se fueron con la plena comprensión de sus propias estrategias para llevar las decisiones que habían tomado a los distintos segmentos de la congregación.

Actualmente, Madison Vineyard está proporcionando coaching a otra iglesia que desea desarrollar un programa de pasantías similar, basado en el coaching. Ha sido algo beneficioso para ellos que ahora pueden ofrecer a otros. Y así vemos cómo la levadura impregna toda la masa:

 "Les contó otra parábola más: El reino de los cielos es como la levadura que una mujer tomó y mezcló en una gran cantidad de harina, hasta que fermentó toda la masa." (Mateo 13:33)

¿ADÓNDE VA USTED DESDE AQUÍ?

1. ¿Cuáles son los primeros pasos que usted mismo va a tomar?

2. ¿Cómo puede ayudar a otros a comenzar este viaje?

3. ¿A quién le podría interesar este tipo de ministerio?

4. ¿Cómo va a implementar el ministerio Bernabé en su contexto?

5. ¿Qué tipo de ayuda o recursos necesita usted para comenzar?

Recursos Sugeridos

La Diferencia del Discipulado- plantea un acercamiento intencional, integral y relacional al discipulado, que se puede personalizar para encontrarse con cada persona en el lugar donde se encuentre. Visita https://loganleadership.com/discipulado para aprender más.

Las Dimensiones del Discipulado- un currículo comprensivo para ayudarle en su viaje personal de discípulado. Invita a otros para estudiar con usted y anima a los discípulos nuevos y viejos a Ama a Dios, Ama Otros, y Hacer Discípulos. Disponible en descarga digital y impreso. Visita https://loganleadership.com/recursos-en-espanol/ para aprender más.

El ABC del Coaching lo llevará a través de un proceso de 5 etapas, el cual consiste en relacionar, reflejar, reenfocar, reconocer los recursos y revisar. Si quieres crecer como entrenador, este es el recurso que necesitas. Visita https://loganleadership.com/ABC para aprender más.

Manual del ABC del Coaching es un recurso diseñado para ayudar a líderes a aplicar los principios prácticos introducidos en "El ABC del Coaching" y comenzar el trayecto de convertirse en un coach más efectivo. Visita https://loganleadership.com/ABC2 para aprender mas.

Made in the USA
Columbia, SC
31 August 2019